Mario Sempf

DRESDEN
zum Gruseln

LICHT & SCHATTEN einer alten Stadt

Illustrationen von Thomas Zahn

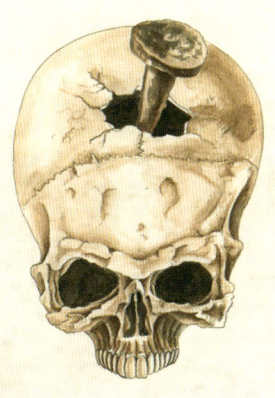

Gestatten Sie, dass ich mich vorstelle:

Ritter Jonas Daniel

**Leibwächter der
Dohnaer Burggrafen**

Wir schrieben das Jahr 1402. Ich versuchte, die beiden Kinder des Burggrafen auf einem geheimen Pfad durch die Dresdner Heide in Sicherheit zu bringen. Aber das bezahlte ich teuer mit meinem Leben. Ganz in der Nähe des heutigen Ortsteiles Klotzsche kam ich zu Tode. Hier, am Moritzburger Weg, lockte mich der meißentreue Ritter Körbitz mit seinen üblen Gesellen in einen Hinterhalt.

Es war übrigens der gleiche Unhold, der meinem Herren siebzehn Jahre zuvor auf dem Adelstanze zu Dresden ein Bein gestellt hatte. Der junge und durchaus arrogante Dohnaer Burggraf wusste mit einer ordentlichen Maulschelle zu antworten! Damit begann vielleicht das ganze Desaster, welches man später in den Geschichtsbüchern als „Dohnaische Fehde" vermerkte. Aber darüber ist später noch zu reden.

Während ich mich also der feigen Meute im Walddickicht entgegenstellte, brachte einer meiner Knappen die beiden verängstigten Kinder Wentzsch und Margarethe in Königsbrück bei Freunden in Sicherheit. Heute steht dort, wo ich mich der Überzahl an Schwertern tapfer erwehrte, ein unauffälliges Steinkreuz. Vielleicht besuchen Sie mich hier einmal (Haltestelle Moritzburger Weg – Linie 7, Richtung Weixdorf).

Mein ruheloser Geist möchte Sie zu einem Rundgang durch ein Dresden einladen, das Sie so bestimmt nicht erwartet haben. Mit schaurigen Überraschungen und aufregenden Anekdoten, die Dresden zu dem machen, was es ist: Eine mysteriöse Stadt voller abenteuerlicher Begebenheiten! Erobern Sie mit mir Dresdens spannendste Plätze.

Wenn Sie in Zukunft mitreden wollen, kommen Sie an diesem Sammelsurium kurzer, unterhaltsamer Geschichten nicht vorbei! Also dann, den Schlaumeier ruhig etwas raushängen lassen:

Die Entdeckung der Stadt hat soeben erst begonnen ...

Alle Anekdoten im Überblick:

A

Buchstaben im Siegel

Finden Sie die Schauplätze der Anekdoten in den alten Stadtkarten!

Viel Freude beim Entdecken!

Wappen der Stadt Dresden

Ausschnitt vom sächsischen Totentanzrelief, heute zu sehen in der Dreikönigskirche – Sinnbild für Vergänglichkeit

Wussten Sie ...

1. Steinalt

... dass es dort, wo sich heute die Stadt Dresden an der Elbader erstreckt, schon vor 2000 Jahren eine Siedlung mit dem Namen Lupphurdum / Lupfurdum[1] gegeben haben soll? Erst vor wenigen Jahren entdeckten Historiker eine Landkarte aus dem Jahre 150 nach Christus, auf der die von den Römern nicht eroberten germanischen Gebiete eingezeichnet sind. Diese Magna Germania stammt aus der Feder von Ptolemäus und erwähnt an der Elbbiegung ein „Lupphurdum", einen Ort der Langhäuser.

Diese Nachricht war eine echte Sensation! Denn damit ist eines klar: Das Dresdner Erdreich verbirgt noch viele Geheimnisse. Die ältesten Siedlungsreste stammen übrigens aus Nickern. Die hier gefundenen Kreisgrabenanlagen sind wenigstens 7000 Jahre alt!

2. Zwei Dresden?

… dass es im frühen Mittelalter zwei verschiedene Dresden gab? Einmal linkselbisch, mit Frauenkirche, namens Dresden. Ursprünglich ein slawisches Fischerdorf, das sich um die Frauenkirche herum befand, vermutlich ab dem 10. Jahrhundert. Das andere rechtselbisch gelegen, mit dem Namen Antiqua Dressdin = Altendresden, also auf jener Seite, wo heute der Goldene Reiter um die Gunst der Besucher funkelt. Beide Städte hatten eigene Stadtrechte. Erst im Jahre 1550 wurde aus diesen ein Dresden mit verbindender Brücke.

3. Alte Stadt

… dass die heutige rechtselbische Uferseite, die wir als Neustadt bezeichnen, wahrscheinlich zuerst, vornehmlich von Slawen, lange vor dem 12. Jahrhundert besiedelt wurde, und nicht die Altstädter Seite?

4. Waldland-/Auenlandbewohner

… dass das Wort Dresden vermutlich seinen Ursprung im slawischen Drez´dany hat und so viel wie „Waldland" oder auch „Auenland" bedeutet? Der Standort Dresden war im frühen Mittelalter vor allem eines – sumpfig. Statt Straßen und Wege gab es Knüppeldämme über Morast. Diese feuchte Lage war lange Zeit der beste Schutz für die sich entwickelnde Siedlung der Kaufleute.

seitenverkehrter Abdruck eines Siegels der Stadt Dresden von 1309

5. Besiedlung

... dass im mittelalterlichen Dresden innerhalb der Festungsanlagen, links wie rechts der Elbufer, nur 6.000 Menschen lebten? Heute hat Dresden etwa 541.304 Einwohner (Stand 31.12. 2014) und ist mindestens zehnmal größer als vor 500 Jahren. Sämtliche Dörfer, die sich damals um die Stadt gebildet hatten, sind heute eingemeindete Stadtteile von Dresden. Sie heißen Löbtau, Plauen, Strießen usw.

6. Kleine Stadt

... dass man nicht länger als eine halbe Stunde gebraucht hätte, um die gesamte Festungsmauer der Stadt Dresden linkselbisch abzulaufen? So klein war die Stadt damals. Trotzdem war Dresden die erste deutsche Stadt mit einer geschlossenen Bastionärsbefestigung nach italienischem Vorbild, hochmodern und sehr wehrhaft.

7. Makaberer Steinblock

... dass auf der Dresdner Brücke im Mittelalter ein Steinklotz mit besonders makaberer Funktion stand, die sogenannte Brückenfreiheitssäule? An ihr war eine abgehauene Hand abgebildet, dazu ein Beil mit einem eindringlichen Spruch: „Wer diese Brückenfreiheit bricht, dem wird seine Frevelhand gericht." Mit anderen Worten: Ihm wurde die Hand abgehauen! Dieser makabere Brauch war auf vielen Brücken in deutschen Städten üblich. Er wurde natürlich von Zeit zu Zeit durchgeführt. Menschen, die absichtlich die Ruhe oder Freiheit der Brücke störten, sollten damit einen schmerzvollen Denkzettel erhalten.

8. Richtschwert

… dass das gefürchtete Richtschwert im Mittelalter hinter des Bürgermeisters Stuhl im Dresdner Rathaus an der Wand hing? Das Schwert war das uneingeschränkte Symbol für Macht und Strafe. Selbst kleinere Strafdelikte wurden im Mittelalter hart geahndet. Heute findet man hinter dem Stuhl des Bürgermeisters / Bürgermeisterin eher einen Aktenschrank und eine Hängepflanze. So haben sich die Zeiten geändert.

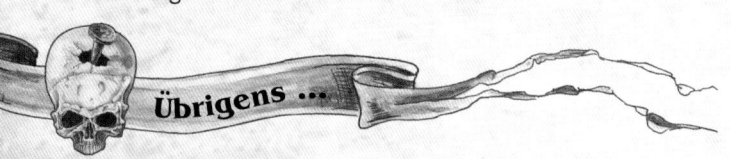

Übrigens ...

- 1523 wurde Jobst Weisbrot gezwungen, sein „erdichtetes Schandbuch zu fressen". Es handelte sich dabei um eine Schmähschrift gegen Priester und Mönche.

- 1555 erhielt Jeronimus Ranisch ein Ratsprotokoll mit folgendem Inhalt: Es wird empfohlen, er solle unter Mithilfe der Verwandtschaft ein Behältnis für seine Frau anfertigen und sie darin ein Leben lang halten, damit diese keine Leute mehr bestehlen oder beschädigen könne!

- 1583 erfolgte die Säuberung der Stadt „von herrenlosen Knechten und liederlichem Gesindel" durch unvermutete Hausdurchsuchungen. Über 500 Personen wurden ausgewiesen (aus der Stadt geschmissen).

sächsiches Richtschwert um 1603

9

9. Gotteslästerer

… dass man Gotteslästerern im Mittelalter ein Halseisen umlegte und sie auf der Brücke oder an der Kreuzkirche ausstellte? Dabei war es ganz leicht, zum Lästerer über Gott zu werden, zum Beispiel beim Fluchen. „Gottverdammter Mist!" – Klingt irgendwie vertraut?

1698 erwischte es einen gewissen Hans Christoph Harnitzsch, dem das Fluchen die Folter, Festungshaft und anschließendes Auspeitschen mit Landesausweisung einbrachte! Das war noch eine milde Strafe, ursprünglich sollte er hingerichtet werden.

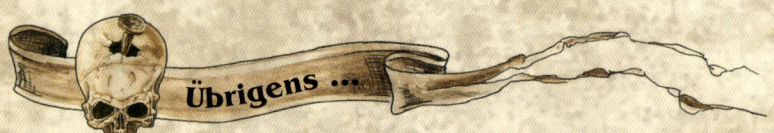

Übrigens ...

- 1555 wurden in Altendresden über 20 Personen, weil sie gewettet, wer am heftigsten fluchen könnte, gefänglich eingezogen und je nach Schwere mit Gefängnis, Verweisung aus der Stadt und Halseisen bestraft.

10. Kreuzreliquie

… dass die berühmte Kreuzkirche ursprünglich Nikolaikirche hieß, nach dem Schutzpatron der Händler, dem Heiligen Nikolaus? Erst aufgrund eines kleinen Holzspans des „echten" Jesuskreuzes wurde sie schließlich 1388 zur Kreuzkirche umbenannt.

Constanze von Österreich, die Gemahlin des Meißner Markgrafen Heinrich des Erlauchten, brachte einen Span um 1235 nach Dresden. Seit jener Zeit pilgerten sehr viele Christen hierher. Eine etwa zwei Zentimeter lange Kreuzreliquie sowie der Zahn eines Heiligen sind heute im Stadtmuseum ausgestellt. Echt oder unecht? Entscheiden Sie selbst!

11. Flaniermeile Friedhof

… dass die Menschen, die heute über den Neumarkt an der Frauenkirche flanieren, einen uralten Friedhof mit Füßen treten? Bei Ausgrabungen stieß man auf über 500 einfache Begräbnisstellen, denn jahrhundertelang diente der Vorplatz der Frauenkirche als Friedhof. Auch slawische Begräbnisstellen aus dem 10. Jahrhundert wurden hier entdeckt.

Die Frauenkirche stand im 16. Jahrhundert noch vor der Festungsmauer. Erst die Hussiteneinfälle bewirkten, dass sie mit in die Stadt einbezogen wurde. Inzwischen ist aus dem Friedhof mit obligatorischen oberirdischen Grabsteinen allerdings eine Flaniermeile mit zahlreichen Cafés und Geschäften geworden. So hat eben jeder seine Leichen im Keller. Guten Appetit beim nächsten Schälchen Heeßen – einer Tasse Kaffee!

12. Pest

… dass zwischen 1349 bis 1680 mehrere schwere Pestepedemien etwa 15.000 Dresdnern das Leben kosteten? Zwischen 1631 und 1634 raffte es nahezu die Hälfte der Stadtbewohner dahin! Bei der letzten Pestepedemie von 1680 starben 11.500 Menschen an der Seuche. Neben Überfällen und Schutzgelderpressungen der Händler war die Pest eine der größten Geißeln der Menschen im Mittelalter. Auf dem Eliasfriedhof neben dem heutigen Gericht auf dem Sachsenplatz wurden die Leichen der Pesttoten, Hingerichteten und Selbstmörder verscharrt.

Dieser ehemals weit außerhalb der Stadt liegende Friedhof ist wirklich eine der gruseligsten Sehenswürdigkeiten Dresdens, auch heute noch! Da reicht ein Blick durch die eisernen Gitterstäbe. Einmal im Monat kann man hier an einer öffentlichen Führung teilnehmen, ansonsten ist der Friedhof geschlossen.

13. Sturmhaube

... dass höfische Diener, die man beim Klauen am sächsischen Hofe erwischte, zur Strafe eine sogenannte Sturmhaube (Schandmaske) tragen mussten? Dieser schwere Metallhelm hatte nur zwei Löcher für die Augen und ein kleines Löchlein für den Mund, damit der Bestrafte wenigstens Suppe schlürfen konnte. Mit dieser Sturmhaube mussten die Schuldigen auf dem Dresdner Schlosshof auf und abgehen, bis man sie endlich von ihrer Last befreite.

Andere bekannte Straf-Masken des Mittelalters sind die Schandmasken in Form von Schweineköpfen oder mit überlangen Ohren mit Schellen sowie heraushängenden Zungen. Diese Details sollten die Vergehen „schweinisches Benehmen, Lauscherei oder Geschwätzigkeit" anzeigen. Wer also mal wieder „zur Sau gemacht" wird, weiß wenigstens jetzt, wo die Ursprünge zu suchen sind!

Diese Geschichte zeigt deutlich, dass man in früheren Zeiten weniger nach dem „Warum" fragte, sondern gleich auf Abschreckung setzte.

eiserne Schandmaske

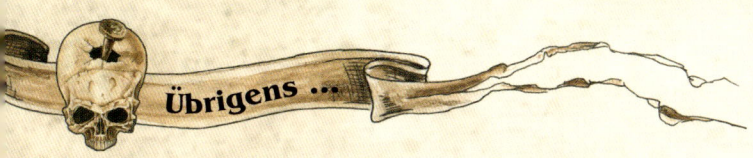

- 1444 wurde ein Bettelmönch in weltlichen Kleidern gehängt und seine Beischläferin in der Elbe ertränkt.

- 1553, am Montag nach Nikolai, wurde eine Tonne mit Heringen dem Scharfrichter überantwortet, der sie selbigen Tages auf dem Markte öffentlich an den Pranger gestellet, hernach auf die Brücke geführet und in die Elbe geworfen hatte. Eine Dresdner Bürgerin hatte die Heringe einem Berliner Handelsmann abgekauft, befand sie aber nicht für gut und beschimpfte den Verkäufer zu Recht!

- 1715 wurde der Goldscheider Richter, der seine Frau erstickt hatte, gesäckt – in einem Sack mit einem Hund, einer Katze, einem Hahn und einer gemalten Schlange ins Wasser geworfen.

14. Saxen

… dass die Bezeichnung Sachse eigentlich von einer Waffe herrührt, die jene namensgleichen Eindringlinge auf ihren „Wanderungen" mit sich führten? Diese Waffe bezeichnete man als Sax. Das war ein einschneidiges Messer, das seine Besitzer waagerecht am Gürtel trugen. Saxe waren auch bei den Wikingern und den Germanen als Schneidwerkzeuge in Gebrauch.

Einer Sage zufolge sollen die Saxen die thüringischen Stammesführer bei einer Besprechung hinterrücks umgebracht haben, um das Land an sich zu reißen. Üblich waren allerdings eher waffenlose Gesprächsrunden.

13

15. Glänzend

… dass es die alten Römer waren, die unserer Elbe ihren so bekannten Namen gaben, in dem sie ihn schriftlich fixierten? Elbe kommt von Albis / Albia und bedeutet so viel wie: hell, glänzend oder weißes Wasser. Bereits die Kelten nannten die Elbe vor 2000 Jahren Albis, die Germanen Albia.

16. Zerstörung

… dass durch ein Missgeschick des Kunsttischlers Tobias Edler im Jahre 1685 aus Altendresden die Neustadt wurde? Im Dachstuhl seines Hauses auf der Meißner Gasse (zwischen Blockhaus und Hotel Bellevue) begann der verheerendste Brand der Stadtgeschichte – seine Kinder kamen in dem brennenden Haus ums Leben. Fast 400 Häuser in Altendresden brannten ab.

Nach diesem schlimmen Großbrand musste der Stadtteil vollkommen neu aufgebaut werden. Doch aus Geldknappheit dauerte der Wiederaufbau viele Jahrzehnte. Eine neue Stadt entstand, als August der Starke das Japanische Palais für sich entdeckte, die hässlichen Brandmale aber nicht sehen wollte. Die „Neue Stadt bey Dresden" entwickelte sich, mit Häusern, gerade so hoch wie das Japanische Palais. Das geschah im Jahre 1732, ein Jahr vor des starken Augusts Tod als 63-jähriger polnischer König.

17. Moderne Festung

… dass Dresden über eine der modernsten Festungsanlagen im Mittelalter nach italienischem Vorbild verfügte, mit wehrhaften, hervorspringenden Bastionen, Burggräben und Zugbrücken? Bastionen waren aus den Festungsmauern hervorspringende, pfeilspitzenartige Bollwerke, mit Kanonen bestückt.

18. Festungsmauer

… dass man Ende des 17. Jahrhunderts begann, die Festungsmauern des mittelalterlichen Dresdens abzutragen (schleifen nannte man das), weil Dresden immer größer wurde? Doch einige der Mauerreste sind immer noch vorhanden. Sie sind gut zu erkennen, wenn man weiß, wo man sie suchen muss.

Kleiner Tipp: Gegenüber des „Haus des Buches" und des Durchgangs zur Altmarktgalerie (Dr.-Külz-Ring) zieht sich ein graues Steinband im Boden bis zum Merkur-Spielplatz. Hier stand eine der sieben Bastionen Dresdens. Der Spielplatz wurde symbolisch als Festung gestaltet und wenn man genau hinschaut, kann man eine Figur erkennen, die Merkur darstellt. Die meisten Leute denken, der Sockel hier sei eine Sitzgelegenheit. Doch im Mittelalter wäre dieser Platz alles andere als entspannend gewesen, denn Dresden wurde wegen seiner Schätze oft belagert.

Außenansicht Salomonistor: 1549 erbaut, 1593 zugemauert und seitliche Pforte eröffnet

19. Römische Götter

... dass August der Starke dafür verantwortlich ist, dass aus den alten Bezeichnungen der Bastionen, von denen es insgesamt sieben rund um die Stadt Dresden gab, römische Götter wurden? So wurde aus der Seetor-Bastion die Merkur-Bastei oder aus der Salomonis-Bastion die Jupiter-Bastei. Sehen kann man das heute nur noch mit einem aufmerksamen Auge, zum Beispiel an der Skulptur vor dem Maredo-Steakhouse (Dr.-Külz-Ring), die den römischen Götterboten Merkur darstellen soll.

20. Festungsgraben

... dass der Zwingerteich der Rest des alten wassergefüllten Grabens ist, der Dresdens solide Festungsanlagen umgab? Hier durfte sogar von kleinen Ruderbooten aus geangelt und gefischt werden.

21. Elbegold

... dass es im Mittelalter viele Goldwaschplätze an den Elbufern gab und hier bereits die Slawen sogenanntes „Seifengold" wuschen?

Bei der Erwähnung des Wortes „Gold" bekommen Menschen auf der ganzen Welt glänzende Augen. An diesem Reiz hat sich in den Jahrhunderten nichts geändert. Dass auch die Elbe Gold mit sich führt, ist seit Langem bekannt. Erwähnt wird die Goldwäscherei im sächsischen Elbtal erstmals in einer Urkunde vom 4. Juni 1470.

Außerdem soll Kurfürst Johann Friedrich der Großmütige im Besitz einer vier Kilogramm schweren Kette aus Elbegold gewesen sein. Doch kann man das glauben? Falls das stimmt, dann hätten zehn geübte Goldwäscher bei einer Ausbeute von einem halben Gramm pro Tag und Person, bei einem Arbeitspensum von 200 Tagen im Jahr insgesamt vier Jahre für diese Goldmenge arbeiten müssen!

So mancher Goldwäscher versucht auch heute noch im Sommer sein Glück mit einer Goldwaschpfanne, meist so, dass ihn kein anderer dabei entdecken kann. Dass man dafür für verrückt erklärt werden könnte, ist durchaus möglich, aber nicht gerechtfertigt. Das erbrachten wissenschaftliche Untersuchungen der letzten Jahre.

Versuchen Sie es ruhig selber einmal. Vielleicht begegnen wir uns hier sogar und freuen uns zusammen über einen Goldflitter in der Pfanne! Alle vermeintlichen Goldflitter über einer Größe von 0,2 Millimeter entpuppen sich übrigens oft als Pyrit = Schwefelkies, besser bekannt als „Katzengold". Also nach den ganz kleinen Krümeln schauen! Das ist Erfolg versprechender.

22. Wendeltreppen

… dass Wendeltreppen in alten Wehranlagen immer im Uhrzeigersinn nach oben führen, also rechts herum? Heranstürmende Feinde konnten so beim Hochsteigen der Wendeltreppen keine Schwerthiebe von rechts ausführen, die Verteidiger aber schon.

23. Stärke

… dass Kurfürst August der Starke zwar wirklich sehr stark gewesen war, sodass er etwa ein Hufeisen zerbrach, aber unmöglich den Daumenabdruck im Geländer auf der Brühlschen Terrasse hinterlassen haben konnte? Dieses Geländer wurde nämlich erst 10 Jahre nach seinem Tode installiert. Eigentlich lassen sich auch Hufeisen nicht zerbrechen, sondern eher verbiegen und verdrehen, weil das Eisen dafür zu weich ist. Also alles nur Legende?

Wussten Sie ...

24. Innen und außen, wovon?

… dass es eine Innere und eine Äußere Neustadt gibt, obwohl man aber weder etwas Inneres noch Äußeres sehen kann? Der Grund für diese Bezeichnungen ist der Verlauf der mittelalterlichen Festungsmauern. Alle Gebäude und Straßen innerhalb der alten Festungsmauern wurden zur Inneren Neustadt, während die Gebäude außerhalb der Festungsmauern zur Äußeren Neustadt wurden. Sehen kann man davon heute eigentlich nichts mehr, außer am Japanischen Palais. Dort hat sich auf der Wiese eine halbrunde Mauer erhalten – Reste der alten Festungsanlage nach niederländischem Vorbild.

Das wichtigste Stadttor der Altendresdner Festungsanlage befand sich am Albertplatz, das Schwarze Tor. Auch heute noch erkennbar an den vielen, auf den Albertplatz zulaufenden Straßen.

Übrigens ...

- 1562 wurde Caspar Ehrlich wegen Veruntreuung zum Tode verurteilt, wurde begnadigt, musste aber einen steinernen, zwei Stock hohen, mit einer steinernen Treppe versehenen Galgen mit Knochengrube vor dem Schwarzen Tor auf seine Kosten erbauen und mit seinem Namen und Wappen verzieren lassen.

- 1715 wurde der Räuberhauptmann Lips Tullian auf dem Hochgericht vor dem Schwarzen Tor mit vier seiner Spießgesellen geköpft und aufs Rad geflochten.

25. Bärtig

… dass der als jähzornig und als erbitterter Feind der lutherischen Reformation geltende Herzog Georg auch Georg der Bärtige genannt wurde? Er sorgte während seiner Regierungszeit 1471-1539 unter anderem dafür, dass Dresden mit einer solideren Festungsmauer umgeben wurde. Aber besonders der Bau des Georgentores hat ihn namentlich bekannt gehalten.

Allerdings umgibt ihn auch ein Mysterium: Er soll sich nach dem frühen Tod seiner Kinder und seiner Frau zeitlebens seinen Bart nicht mehr geschnitten haben. Das trug ihm den Namen Georg der Bärtige ein. An keinem Vater dieser Welt geht es spurlos vorüber, wenn er seine eigenen Kinder überlebt und zu Grabe tragen muss!

26. Ab der Bart!

… dass jeder, der Georg den Bärtigen mit und ohne Barttracht sehen möchte, einfach nur das Georgentor durchschreiten muss? Auf der Elbseite sieht man ihn samt Pferd und Bart in Richtung Neumarkt reiten. Dieses Reiterstandbild befindet sich allerdings in luftiger Höhe, also bitte Köpfe in den Nacken legen!

Hat man den Torbogen durchlaufen, wird man bei einem Blick zurück ganz oben auf dem Dachgiebel einen Lanzenträger ohne Bart entdecken. Auch er stellt den Herzog des albertinischen Sachsens als Ritter dar, allerdings bartlos in jungen Jahren.

Georg der Bärtige

27. Sächsischer Kampfsport

... dass der sächsische Adel in einer speziellen Selbstverteidigungs-kampfart ausgebildet wurde? Nach dem Buch des berühmten Ringlehrers Fabian von Auerswald, das für den sächsischen Hof bestimmt war, kann man noch heute Kampftechniken erlernen, die die meisten Kampfsportkenner eher an das japanische Judo oder Jiu Jitsu denken lassen.

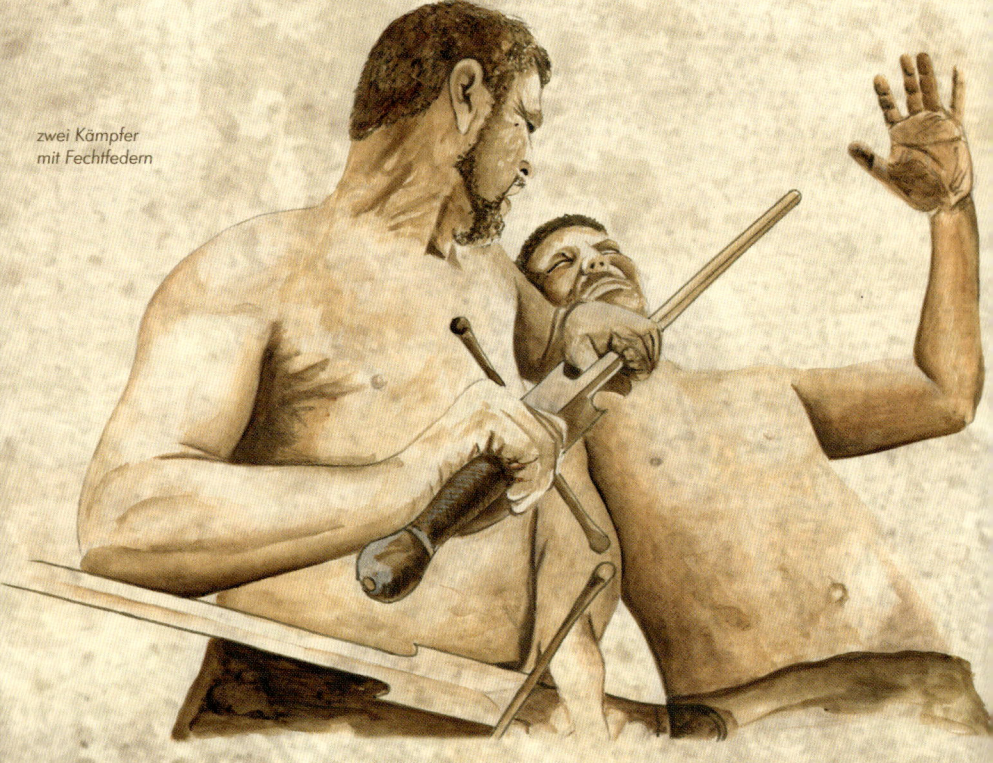

zwei Kämpfer mit Fechtfedern

28. Berühmtes Fechtbuch

… dass in Dresdner Bibliotheken mindestens drei verschiedene Fechthandschriften aus dem Mittelalter lagern, die zu den berühmtesten und teuersten Kampfsportbüchern Deutschlands zählen? Eines davon stammt von Paulus Hector Mair. Er war ab dem Jahre 1541 Ratsdiener von Augsburg und ein leidenschaftlicher Sammler wertvoller handgeschriebener Prachtbände. Er gab eine zweibändige Fechthandschrift mit insgesamt 1200 Seiten aus Pergament und mit bunten Illustrationen in Auftrag, nahm das Geld dafür aber aus dem Staatssäckel. Lange Zeit kam niemand der Veruntreuung auf die Schliche, weil der Beamte ein wichtiger Mann in Staatsdiensten war und niemand den Geldklau vermutete. Die farbenprächtigen Bücher sollen 20 Kilogramm Gold wert gewesen sein! 1579 wurde Mair, 62-jährig, als Dieb gehängt.

Heute stellen die kostbaren Bücher einen unglaublichen Wissensschatz für all jene dar, die historische Kampfkünste rekonstruieren wollen, zum Beispiel wie in der historischen Schwertkampfschule SaXenStreich aus Dresden.

29. Napoleon-Stein

… dass es ganz in der Nähe der katholischen Hofkirche einen Pflasterstein mit einem aufgemalten weißen N, der für Napoleon steht, gibt? Am 26. August 1813 nahm der selbsternannte Kaiser hier die Truppenparade vor der Schlacht von Dresden ab. Die Schlacht um Dresden brachte nicht den gewünschten Erfolg für den Franzosen, der zehn Wochen später in der Völkerschlacht zu Leipzig seine Ansprüche auf Deutschland endgültig begraben musste und wenige Monate später seinen Sturz zur Folge hatte.

30. Großer Garten

... dass der berühmte Große Garten zu Zeiten August des Starken mit einer großen Mauer umgeben war, die das einfache Volk draußen halten sollte? Nur der feine Adel vergnügte sich hier.

Erst nach den kriegerischen Auseinandersetzungen mit Napoleons Truppen im Jahre 1813, als der Große Garten selbst zum Schauplatz des Feldzuges wurde, erlaubte man den Bauern, die eingestürzten Mauern als Baumaterial für die ebenfalls zerstörten Häuser zu benutzen. In so manchem alten Baum sollen noch Kugeln aus dieser Zeit stecken.

Heute ist der Große Garten eines der beliebtesten Vergnügungsoasen in Dresden, mit Zoo, Puppentheater, Freilichtbühne, Sommerkneipen und Skaterwegen. Und: Er ist allen zugänglich.

Sühnekreuz im Großen Garten

31. Geschlossene Tore

… dass am Wochenende die Festungstore in Dresden geschlossen blieben und man weder hinein noch hinaus durfte? Freiwillige Gefangenschaft also. Wer es nicht rechtzeitig in die Stadt geschafft hatte, lief Gefahr, von Raubgesindel oder gar Feinden der Stadt um Gut und Leben gebracht zu werden. Die Tore blieben vor allem deshalb geschlossen, damit die Stadtbewohner alle fromm in die Kirche gingen und sie keine Ausrede von ihrer Kirchenpflicht abhielt. Bummeln an den Elbwiesen war noch nicht populär und eigentlich sogar ziemlich gefährlich!

Die Tore konnten nicht einfach so aufgeschlossen werden. Es gab mehrere komplizierte Schlösser mit verschiedenen Schlüsseln, die auf unterschiedliche Personen verteilt waren. Aufschließen war also echte Teamarbeit. Nach Mitternacht hätte man mehrere Menschen wach klingeln müssen. Die auch heute noch bekannte „Torschlusspanik" ist also durchaus wörtlich zu nehmen!

32. Elb-Löwen

… dass es auf der einzigen Brücke, die früher über die Elbe führte, ein Torhaus mit einer Löwengrube gab? Sie diente zur Abschreckung und war Teil der Tierhetzen-Inszenierungen vor dem Jägerhof auf der Neustädter Elbseite (heutige Stelle „Filmnächte am Elbufer"). Die Jagd war beliebter Zeitvertreib des Adels, vor allem schoss man gern auf seltene und exotische Tiere.

Übrigens …

• 1622 wurden im Schlosshof vier Braunbären gehetzt, von denen der größte die Absperrung durchbrach, die Wendeltreppe hinauf und in die Schlosskapelle lief – Ausgang unbekannt!

33. Fünf Wahrzeichen

… dass wandernde Handwerksgesellen im Mittelalter fünf ganz bestimmte Sehenswürdigkeiten von Dresden beschreiben mussten, um zu beweisen, dass sie wirklich in Dresden gewesen waren?

1. Das Schöne oder Goldene Tor von Dresden war eines der schönsten Portale der deutschen Renaissance und maß etwa sieben Meter in der Höhe und sechs Meter in der Breite. Ursprünglich farbig ausgemalt und teilweise vergoldet, in Gestalt eines Triumphbogens wird der Einzug der Reformation in Dresden (um 1539) gewürdigt. Seit 2009 befindet sich das imposante Bauwerk wieder an alter, neuer Stelle des Residenzschlosses und darf bewundert werden, auch wenn die meisten Reliefteile Kopien sind, denn die Originale sind sicher verwahrt.

2. Das Brückenmännchen, gemeint ist der Erbauer der ersten steinernen Brücke von 1275, Matteo Foccio, den die Dresdner auch gerne „Matz Fotze" nennen. Das Steinrelief befindet sich am Landpfeiler der Augustusbrücke auf Altstädter Seite.

Der Ausdruck „Brückenmännchen" wurde im Dresdner Sprachraum zudem sprichwörtlich für „Duckmäuser" verwendet. Weitere Dresdner Redewendungen, wie „Ein Brückenmännchen machen" oder „Vom Brückenmännchen gerufen werden" waren noch im 19. Jahrhundert Umschreibungen für den dringend nötigen Gang zur Toilette.

3. Das Weiberregiment, ein Steinrelief mit einem beliebten Motiv aus der Antike: Dargestellt ist ein am Boden, auf allen Vieren kriechender Mann, der von einer schönen Frau wie ein Hund geführt wird. Ursprünglich befand sich diese in Stein gehauene

Darstellung an einem Haus in der Moritzstraße, eine Straße, die sich auf dem Neumarkt befand, heute aber dort nicht mehr existiert. Seit 1756 gilt es als verschollen.

4. Der Dresdnische Mönch, gemeint ist der Barfüßermönch des Kapuzinerklosters an der Stelle der späteren Sophienkirche (heute „Haus am Zwinger"). Dieser Mönch pflegte die Wachleute auf der Festungsmauer zu erschrecken. Das gelang ihm auch ziemlich gut, denn er trug in der einen Hand eine brennende Laterne und in der anderen seinen Kopf. Diesen hatte er verloren, als er die beiden Kurfürsten August und Moritz bei einem wichtigen Gespräch belauschte. Er wurde daraufhin geköpft und geisterte seit jenen Tagen an den Festungsanlagen umher. Wenn er im Schlosse auftauchte, starb meist eine höhergestellte Person aus dem sächsischen Fürstenhaus, so geschehen im Jahre 1694 bei Johann Georg IV.

5. Das garstige Ding, so nannte man die Statue einer Frau im Chor der alten Kreuzkirche. Das Besondere an ihr: Vor ihr stand ein Hund. Die Statue war das Ergebnis einer entgangenen Bestrafung. Aufgrund schändlichen Benehmens konnte sich die Frau nur einer Bestrafung entziehen, indem sie auf ihre Kosten den Chor anfertigen ließ. Natürlich mit ihrer eigenen Abbildung darin. Später entfernte man die Skulptur aus der Kirche und versetzte sie in eine Mauer, die früher die Bürgerwiese umgab. Da schaute jedoch nur noch die obere Hälfte der Frau heraus, der untere Teil steckte in der Erde. Beim späteren Abriss der Mauer wurde die Skulptur von Bauarbeitern zerstört.

Heute sind die fünf Wahrzeichen kaum noch einem Touristen geläufig, andere haben ihren Platz eingenommen.

34. Goldener Reiter

… dass man für das Vergolden des berühmtesten Reiterstandbildes Dresdens aus dem Jahre 1736, genannt „Goldener Reiter" auf dem Neustädter Marktplatz, etwa 500 Gramm des edlen Metalls benötigte? Das ergibt einen handlichen Würfel von drei Zentimeter Kantenlänge. Gold ist eben sehr schwer!

Dieser Würfel kostete 26.000 Euro. Im Jahre 2003 wurde der ohnehin schon goldene Reiter zum dritten Mal vergoldet, weil viele der Metallteile durch Regen und Schnee bereits durchgerostet waren. Schon öfter haben Diebe versucht, Gold vom Reiterstandbild abzukratzen oder abzusägen, ohne Erfolg! Das Reiterstandbild zeigt übrigens unseren starken August als polnischen König im Caesarenkostüm, da er auch noch Ambitionen hatte, Kaiser zu werden.

35. Blutige Fehde

… dass bei dem alljährlich im Dresdner Schloss ausgetragenen Adelstanze im Jahre 1385 die blutigste Rauferei (Fehde) zwischen zwei wohlhabenden Männern stattfand, die als sogenannte Dohnaische Fehde in die Geschichte einging?

Aus einem Beinsteller des Ritters Rudolf von Körbitz und einer darauf erwiderten Ohrfeige vom Burggrafen Jeschke von Dohna entwickelte sich bald eine Belagerung der Burgen in Weesenstein und Dohna mit Schleudern, Kindesentführungen und heimtückischen Morden.

Diese Fehde endete mit der Vertreibung der mächtigen Burggrafen durch Wilhelm den Einäugigen im Jahre 1402.

36. Erster Streit

… dass die „Geburtsstunde" Dresdens im Jahre 1206 ausgerechnet mit einem üblen Streit begann? Eine Urkunde aus dem Stadtmuseum berichtet von einer angeblich verbotenen Baumaßnahme und dabei wird Dresden erstmals als Ort erwähnt.

Die von Heinrich von Dohna in der Nähe von Pesterwitz erbaute Burg Thorun sollte sich demnach auf falschem Grund befinden und musste abgerissen werden. Die mächtigen Burgherren von Dohna am Tor ins Müglitztal waren den Meißner Landherren schon immer ein Dorn im Auge.

Dresden als Siedlung gab es allerdings schon vor diesem Streit.

Wappen von Dohna

37. Alte Stadtmauer

… dass die lange Mauer, an der sich heute der berühmte Fürstenzug befindet, ein Teil der ersten Dresdner Stadtmauer war? Die Frauenkirche lag da noch außerhalb der Stadt.

Erst später erweiterte man die Festungsanlagen und bezog auch die Frauenkirche mit ein. Lange Zeit war das Georgentor der einzige Zugang von der Elbbrücke in die Stadt.

38. Richtplatz

... dass jede deutsche Stadt im Mittelalter einen Richtplatz besaß, der außerhalb der Stadt lag? Die Dresdner Richtstätte mit Galgen, Rad und Brandsäule stand für 169 Jahre von 1563 bis 1732 auf der Königsbrücker Straße, Ecke Katharinenstraße.

Die Verurteilten mussten als letzten Gang in ihrem Leben durch das Schwarze Tor, dem heutigen Albertplatz treten. Was sich vor dem Schwarzen Tor befand, nannte man schlicht „auf dem Sande", weil hier die Wälder abgeholzt waren und das Umland eher wie eine Wüste aussah. Man brauchte diese freien Flächen, um herannahende Feinde rechtzeitig erspähen zu können.

Hinrichtungen waren ein öffentliches Ereignis und für die meisten Stadtbewohner eine Art kostenloses Unterhaltungsprogramm. Zu manchen Hinrichtungen kamen mehrere Tausend Menschen zum Gaffen. Bei Lips Tullians Hinrichtung, dem Chef der berüchtigten Räuberbande „Schwarze Garde", am 8. März 1715 waren es 20.000 Menschen – August der Starke eingeschlossen.

Die Straße, die heute in Richtung Neustädter Bahnhof führt, hieß darum auch „Leichenweg" (heutige Stetzscher Straße). Auf alten Stadtkarten kann man das noch gut erkennen.

Übrigens ....

- 1523 wurde Heinrich Kellner, Bürger aus Mittweida, der bei der Flucht von neun Nonnen aus dem Kloster Sornzig geholfen hatte, in Dresden geköpft, gespießt und auf den Galgen gesteckt.

• 1820 wurde der Kunst- und Portraitzeichner Professor Kügelgen durch den 24-jährigen Kanonier Kaltofen mit einem Beil ermordet. Brutaler Raubmord. Kaltofen schob die Tat auf einen anderen Kanonier, der daraufhin fast hingerichtet wurde. Als man ihm das Zuchthaus als Alternative zur Hinrichtung durch das Schwert anbot, gesteht er seine alleinige Tat. Aus dem Zuchthaus wurde allerdings doch nichts. Das Blutgericht auf dem Altmarkt forderte seinen Kopf per Schwerthieb mit anschließendem aufs Rad flechten.

39. Schatzfund

… dass man in den sechziger Jahren dieses Jahrhunderts unter der nicht mehr existierenden Sophienkirche nahe dem Postplatz einen echten Goldschatz gefunden hat? Dieser Schatz bestand vor allem aus goldenen Ketten, Ringen und Schmuckamuletten, die man vornehmen Bürgern mit ins Grab gegeben hatte. Unter der Sophienkirche wurden über 60 privilegierte Menschen bestattet. Der Goldschatz wurde zur Zeit der DDR geraubt. Räuber knackten während der Besuchszeiten die Vitrinenscheibe im Stadtmuseum und ließen den Schatz verschwinden.

Nach Jahrzehnten tauchten verschiedene Gegenstände wieder auf, zum Beispiel im norwegischen Oslo. Aber einige der Kostbarkeiten sind nach wie vor verschollen. Böse Zungen behaupten, die Stasi steckte hinter allem! Stichwort: Devisenbeschaffung.

Der Grundriss der Sophienkirche (1250-1963) ist heute im Pflaster an der Nordseite des „Hauses am Zwinger" und der Busmann-Kapelle zu sehen.

Wussten Sie …

40. „Rabenstein"

… dass eine weitere berüchtigte Richtstätte „Rabenstein" hieß und sich vor dem Wilsdruffer Tor in der Nähe des heutigen World Trade Centers befand? Hier wurde die Hexe Heidine Wiedemann wegen eines Fluchzaubers 1585 bei lebendigem Leibe verbrannt. Andere schlimme Hinrichtungen an diesem unschönen Ort verweisen auf die sogenannte „Strohbichen", die ebenfalls im Feuer umkam.

Der grausige Richtplatz ist heute schwer auszumachen. Auf ihm stehen inzwischen Gebäude – selbst eine Schule ist ganz in der Nähe! Wie bizarr …

Rabenstein

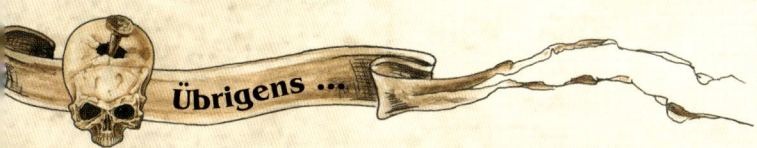

- 1585 erfolgte die Verbrennung von Heidine Wiedemann als Hexe am „Rabenstein" nach einer peinlichen Befragung (Folterung). Ihr Vergehen: Mithilfe beim magischen Kochen von Kleidungsstücken des Kurfürsten. Anstifterin war die Adlige Sophia von Taubenheim. Sie wollte ihren in Ungnade gefallenen Gatten am sächsischen Hof rehabilitieren. Zwei Tage nach Heidine Wiedemanns Verbrennung wird sie auf dem Altmarkt mit dem Schwert hingerichtet.

41. Klospülung Kaitzbach

… dass der unscheinbare Kaitzbach, der im Mittelalter direkt unter der berüchtigten Salomonis-Bastion (M), dem schlimmsten Dresdner Gefängnis, entlang floss, in die Stadt und zum Altmarkt abgezweigt wurde (B)? Mit seinem frischen Wasser beseitigte man den Unrat von Hühnern, Schweinen und menschengemachtem „Zivilmüll" zahlreicher Markttreiben. Am einstigen Gondelteich, am heutigen Moritzdenkmal, also zwischen Brühlscher Terrasse und dem Standort der heutigen Synagoge, floss er in die Elbe ab (G).

Dieses kleine Gewässer war auch wichtiger Wasserlieferant bei Feuersbrünsten in der Stadt. Allerdings stellte dieser Bach auch mehrfach seine Gefährlichkeit unter Beweis. Er sorgte dafür, dass bei extremem Hochwasser die Stadt bis zur Frauenkirche unter Wasser stand.

Die Salomonis-Bastion befand sich ursprünglich auf dem jetzigen Rathausplatz. Der Straßenverlauf am Rathausplatz vorbei entspricht dem ehemaligen Burggraben. Ein übergroßer Abflussstöpsel erinnert heute an die einstige Lage des Kaitzbaches.

42. Räuber Wittich

... dass man im Jahre 1430 eine Belohnung in Form eines besonderen Jagdrechtes für denjenigen auslobte, der den üblen Räuber Wittich gefangen nehmen oder beseitigen könne? Die Räuberbande um Wittich machte das gesamte Müglitztal unsicher. Von ihrem Unterschlupf in einer Felsengrotte bei Glashütte, genannt Wittichs Schloss, überfielen sie die dort vorüberfahrenden Händler. Das Jagdprivileg bestand darin, dass derjenige „Wild über die Dresdner Brücke jagen dürfe", dem es gelänge, den üblen Räuber unschädlich zu machen. Tatsächlich gelang dies dem Ritter Weichold von Bernstein aus Luchau.

Die Jagd blieb in früheren Zeiten nur den Adligen vorbehalten. Bauern und Handwerkern drohte bei Wilderei der Tod.

43. Spaßverderber

... dass der Preußenkönig Friedrich II. aus reiner Zerstörungswut das berühmte Lustschloss auf der Jungfernbastion (heutige Brühlsche Terrasse) von der gegenüberliegenden Elbseite mit Kanonen beschießen ließ und sich daran lustvoll ergötzte? Der Preuße war als Jugendlicher bereits einmal in Dresden gewesen und hatte an der Pracht der Stadt und einer ganz bestimmten Frau Gefallen gefunden.

Im Siebenjährigen Krieg war der sonst so militärisch Korrekte ohne Kriegserklärung in Dresden einmarschiert. Der plumpe Zerstörungsakt galt vor allem dem verhassten Brühl und war eine persönliche Abrechnung! Auch die Kreuzkirche fiel 1759 den Bombardements der Preußen mit Kanonen zum Opfer.

44. Doppeltes Muskelmännchen

… dass der muskulöse, vergoldete Rathausmann mit seinem Füllhorn und der schützenden Hand auf dem Dach des Rathauses einen ebenerdig stehenden Doppelgänger hat, der vor dem Hygienemuseum steht und „Der Ballwerfer" genannt wird?

Model für beide monumentalen Plastiken war der berühmte Kraftakrobat und Ringkämpfer Ewald Redam. Mit seiner vierköpfigen Akrobaten-Gruppe lebte der ehemalige Sachsenmeister lange Zeit in Riga, da seine Frau von dort stammte. Nach dem Zweiten Weltkrieg wurde Ewald Redam nach Dresden geholt und arbeitete hier als Dolmetscher.

Für seine spektakulären Kraftdarbietungen hatte leider kaum noch jemand einen Nerv – 1947 nahm er sich, nach vielen misslungenen Versuchen als Kraftakrobat wieder Fuß zu fassen, hochverschuldet das Leben.

Der goldene Rathausmann hingegen überlebte sogar den Bombenangriff auf Dresden im Jahre 1945 mit 19 Einschusslöchern, während der Rathausturm nahezu skelettiert übrig blieb!

Der 5,05 Meter hohe und 1750 Kilogramm schwere Rathausmann symbolisiert Herkules.

Die Statue „Der Ballwerfer" ist aus Bronze.

45. Skaten über Gräbern

... dass dort, wo heute mit Skateboards auf Halfpipe und Skaterlandschaft atemberaubende Sprünge absolviert werden, sich vor 1860 ein Friedhof befand? Wir sprechen von der Lingnerallee, die zum Hygienemuseum führt.

Der Johanniskirchhof lag unmittelbar vor der Stadt. Aufgrund der ständigen Hussitenübergriffe im 16. Jahrhundert erweiterte man den Festungsgürtel um die Stadt und holte dabei die Frauenkirche mit ins Stadtleben. Der Friedhof der Frauenkirche musste dadurch aber weichen. Die Toten wurden auf den stadtnahen Johanniskirchhof verlegt.

Als dann die Pest nach mehr Gräberflächen verlangte, reichte auch der Platz hier nicht mehr aus und man vergrub die Pesttoten eiligst auf einem Acker vor dem Ziegelschlag. Hier befanden sich die Ziegeleien, also direkt vor den Toren der Stadt. An diese Stelle lagerte man allerdings auch die vornehmeren Dresdner Toten um, sodass dieser, der „Elias-Friedhof", zum Prestige-Friedhof wurde. Reiche Leute konnten sich hier ihre Grabflächen sichern. Er befindet sich am heutigen Sachsenplatz.

Der stadtnahe Johanniskirchhof wurde säkularisiert und zur unauffälligen Lingnerallee. Natürlich liegen dort nach wie vor noch mehrere Hundert Menschen unter der Erde!

46. Auf den Trichter kommen

... dass im Sophienkeller des rekonstruierten Taschenbergpalais der Brauch des Trichtertrinkens bis zum heutigen Tag gepflegt wird? Um sich mit alkoholischen Getränken abzufüllen, soll August der Starke aus reiner Faulheit zu einem Trichter gegriffen haben! Der flüssige Inhalt heutiger, gepflegter Trichtertrinkgelage im Pulver-turm & Sophienkeller sind übrigens die grünlich schimmernden Coseltränen.

Als die Lieblingsmätresse Augusts, Gräfin Cosel, in Ungnade gefallen war und zeitlebens nach Stolpen verbannt wurde, weinte sie dort vom Fenster aus so manche Träne beim Blick gen Dresden. Unterhalb der Burg entstand aus ihren Tränen ein Kräuterbusch. Aus diesen kräftigen Kräutern soll das schmackhafte Getränk bestehen, das heute immer wieder gern getrunken wird.

47. Schwedentrunk

... dass das Trichtertrinken seinen Ursprung auch in folgendem grausamen Brauch haben könnte? Im Dreißigjährigen Krieg (1618-1648) verwüsteten schwedische Söldner die sächsischen Ländereien. Um Aussagen zu erpressen, quälten sie immer wieder unschuldige Bauern. Sie füllten ihnen zum Beispiel übelriechende Flüssigkeiten per Trichter in die Kehlen, bis sich deren Bäuche dehnten und platzten.

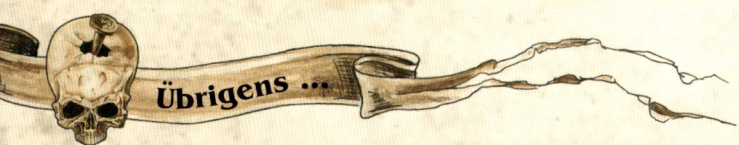

Übrigens ...

- 1619 erlässt der Dresdner Rat eine neue Trinkstuben- und Kellerordnung: Das Ziehen von Dolchen und Brotmessern sollte mit Abhauen der waffenführenden Hand bestraft werden, auch sollten die Gäste nicht viehisch schreien und jauchzen oder das liebe Getränk vorsätzlich verschütten. Eigentlich gilt das Gesetz immer noch!

48. Der gebissene Markgraf

... dass es auf dem berühmten, mit Meißner Porzellan gekachelten „Fürstenzug" einen Grafen mit dem Beinamen „der Gebissene" gibt? In Wirklichkeit handelt es sich um Friedrich den Freidigen, der durch eine recht sonderbare Begebenheit den Beinamen „der in die Wange Gebissene" erhielt. Seine Mutter Margaretha von Stauffen musste 1270 vor ihrem Mann Albrecht dem Entarteten fliehen, da dieser aus Geldknappheit Ländereien seiner Söhne veräußert und damit Fehden und Streitereien angestiftet hatte.

Zur Wiedererkennung soll die Mutter ihren Sohn vor der Flucht derart emotional geküsst haben, dass diesem letztendlich dabei ein Stück seiner Wange abhanden kam! Also wurde aus dem Friedrich ein „Gebissener".

49. Einäugige Ritter

... dass Beinamen für Fürsten und Grafen sehr beliebt und beileibe nicht immer nur Schmuckwerk waren, wie man an den Beinamen „der Unartige", „der Einäugige", „der Strenge" oder „der Streitbare" erahnen kann? Unter den Wettinern wäre da als herausragende, einäugige Persönlichkeit der 1343 geborene Wilhelm der Einäugige zu nennen. Der muss im Traum den Heiligen Benno derart erzürnt haben, dass dieser dem träumenden Wilhelm ein Auge durchbohrte. Dass sich das für einen Heiligen nicht gerade ziemte, steht auf einem ganz anderen Blatt. Entweder lag es am Traum selber oder an Wilhelms Hartnäckigkeit im Wachzustand, die mächtigen Dohnaer Burg-

Siegel des Johann II. der Einäugige

grafen aus ihren Stammsitzen zu vertreiben, dass er den Heiligen Benno zu derart drastischen Albträumen veranlasste.

50. Pöppelmanns „stilles Örtchen"

… dass im Jahre 2008 Archäologen bei Ausgrabungen am Jüdenhof (Neumarkt) auch das Anwesen des berühmten Zwinger-Erbauers Pöppelmann fanden und dabei durch Zufall auf eine Latrine stießen, die Austern aus der Nordsee enthielt? Derartige Feinschmeckerartikel hatten einen langen Weg über Nordsee und Elbe hinter sich und zeugen davon, dass die Bewohner des ehemaligen Jüdenhofes gediegen zu schlemmen wussten. Diese Adresse war definitiv eine der Feinsten der Stadt!

51. Pulverturm

… dass fast jede Kleinstadt in früheren Zeiten einen Pulverturm besaß? Der Dresdner jedoch war mit einer Höhe von 23 Metern ein wahrer Riese. Vermutungen, dass er 1565 aus einer Windmühle umgebaut wurde, sind nicht belegbar. Nachgemessen wurden 18 Meter Durchmesser, das sind etwa 33 Dresdner Ellen. Die ebenfalls ermittelte größte Mauerdicke von über zwei Metern wäre für eine Windmühle sehr ungewöhnlich. Fest steht, dass der Pulverturm Teil der Dresdner Befestigungsanlage war und zur Aufbewahrung des Schießpulvers diente. Bis ins 17. Jahrhundert gehörte der Pulverturm zur auf allen Stichen und Gemälden gezeigten „Türmegalerie" Dresdens.

Nachdem man 1744 die Pulvervorräte in die drei Türme an den Neustädter Wällen umlagerte, wurde er bis auf die noch heute vorhandenen Mauerreste abgerissen. Heute steht an gleicher Stelle das Coselpalais. Erlebnishungrige Stadtentdecker finden im Keller die urige Erlebnisgastronomie „Pulverturm".

52. Brückenkreuz

... dass sich vor einigen Jahrhunderten ein viereinhalb Meter hohes, eisernes Kruzifix auf steinernem Sockel auf der Dresdner Brücke befand? Das drei Zentner schwere Kruzifix stand auf der Elbbrücke von 1670 bis zum Elbhochwasser 1845. Eine Flutwelle riss es samt Brückenpfeiler davon. Bis zu seinem Verschwinden im Elbewasser zählte es zu den Wahrzeichen Dresdens, die man unbedingt aufgesucht haben sollte. Als Beweis, dass man sich in Dresden aufgehalten hatte, musste man es beschreiben können. Trotz zahlreicher Tauchgänge blieb es bis heute verschwunden!

53. Schießwütig

... dass Dresden im Mittelalter eine Hochburg der Armbrust- und Bogenschützen war? Anno 1446 wurde die Dresdner Armbrust- und Bogenschützengilde gegründet. Es gab gleich mehrere Schießplätze innerhalb und außerhalb der Stadt. Dazu nutzte man stockgerade Bahnen, die dann auch Schützengasse oder Schießgasse hießen. Ungefährlich war das nicht, deshalb wichen die Schützen auf den Schießgraben aus, der vor dem Gondelteich in der Nähe der heutigen Brühlschen Terrasse vor der Elbe lag. Die Schützen schossen auf Scheiben, halbe Stangen und letztendlich auf den Dresdner Vogel.

Dieser Holzvogel war alles andere als ein Leichtgewicht: Ganze 90 Kilo wog das vier Meter große Ungetüm im farbenfrohen, hölzernen Federkleid. Auch in der Wilsdruffer Vorstadt existierte auf der Viehweide eine Stelle zum Schießen für die Bogenschützen. Dresdens wichtigster Schießplatz befand sich vor dem Ziegelschlag, auf dem Platz des heutigen Gerichtes, sprich dem Sachsenplatz.

Die hier ausgetragenen Vogelschützenfeste waren die Höhepunkte des Jahres. Selbst die Altendresdner genossen die Privilegien zum Vogelschießen mit entsprechenden Vogelstangen. Aus dem einstigen notgedrungenen Einschießen der Schützen wegen befürchteter Übergriffe auf die Stadt wurde letztendlich das größte Schauspektakel der Elbestadt. Immerhin gab es für den Schützenkönig neben diverser Privilegien in der feinen Gesellschaft auch eine wertvolle Schützenkette – wenn auch nur geliehen! Die aus 75 Silberanhängern und einem Vogel als Herzstück bestehende Königskette wog bis zum Jahre 1660 beachtliche 10 Kilo!

54. Elbe – Seehund

… dass im Jahre 1634 ein Seehund die Elbe stromaufwärts erkundete? Das Tier hatte offensichtlich seinen Lieblingsplatz irgendwo an der Mündung der Elbe in die Nordsee verlassen und nicht wieder zurückgefunden. Es war dann die Strecke von 600 Kilometer die Elbe hinaufgeschwommen, ohne auf das offene Wasser zu stoßen, das es kannte. Als der Seehund endlich Dresden erreichte, machten sofort Fischer auf ihn Jagd. Zwei Tage später wurde er dann leider in der Nähe von Kötzschenbroda mit Netzen und Ruderstangen zur Strecke gebracht.

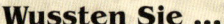

55. Narrenhäuschen

drebbares Narren-häuschen

... dass es im Mittelalter ein sogenanntes „Narrenhäuschen" vor der alten Frauenkirche auf dem Neumarkt gab, genauer gesagt am dortigen Frauentor? Beim Narrenhäuschen handelte es sich um einen massiven hölzernen Käfig. Notorische Trunkenbolde oder Gassenbuben wurden hier für einen Tag oder länger eingesperrt. An mehreren Holmen konnte der Riesenkäfig von rachedurstigen Passanten gedreht werden. Diese Ehrenstrafe lief unter der Kategorie „Strafe zu Haut und Haaren" und besagte lediglich, dass der Delinquent abgestraft werden sollte, ohne dass Blut floss. Eine echte Ehrenstrafe, die den Insassen in aller Öffentlichkeit bloßstellte. Es verwundert nicht, dass derartige Strafgeräte öffentlichkeitswirksam an belebten Plätzen aufgestellt waren.

Verbürgt ist der Fall des Paul Donyn von anno 1417, einem Säufer und Nachtschwärmer, der für acht Tage von mittags 11.00 Uhr bis 1.00 Uhr in der Früh im Narrenhäuschen über seinen lästerlichen Lebenswandel unter Anteilnahme zahlreicher, schadenfroher Dresdner Bürger nachdenken durfte! Die zeitliche Eingrenzung war das Ergebnis mehrerer vorangegangener „Unglücksfälle", bei denen die Bestraften durch diverse Misshandlungen der aufgebrachten Menschenmenge, etwa Steinigungen, ihr Leben eingebüßt hatten (z.B. in England).

Ein originalgetreuer Nachbau des monumentalen Strafgerätes befindet sich heute in der Erlebnisgastronomie Pulverturm auf dem Neumarkt.

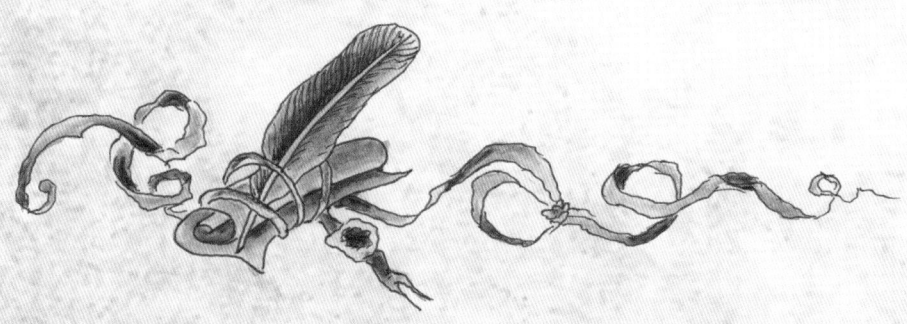

[1] Die neue Zuordnung von Dresden entspricht dem aktuellen Wissensstand. Aufgrund zwangsläufiger Ungenauigkeiten und der Rekonstruktionsmethodik ist eine endgültige Gewissheit jedoch nicht möglich.

Mittelalterliche Redewendungen

Redewendungen sind unmittelbare Fundstücke aus der Vergangenheit. Wir alle nehmen sie immer wieder gern in den Mund und sind uns dessen oft gar nicht bewusst. Hier folgt eine kleine Auswahl an derberen Redewendungen, die sich unmittelbar auf das Leben in mittelalterlichen Städten beziehen.

„Etwas ausgefressen haben" –

jemand ist bei einer üblen Sache ertappt worden und nun folgt die Strafe.
Bestimmte Straftaten wurden im Mittelalter damit beglichen, dass man einen für seinen Appetit bekannten Menschen dem Straftäter ins Haus schickte, wo dieser mehrere Tage blieb. Hier durfte er sich den Bauch ordentlich vollschlagen. Alle Nachbarn erfuhren davon. Waren die Vorräte fast leer, ging der „Fresser" oder „Fresssack" wieder seiner Wege. Der Bestrafte musste nun zusehen, wie er sich wieder Essensvorräte beschaffen konnte. Verhungern nicht ausgeschlossen!

„Von Tuten und Blasen keine Ahnung"

Mittelalterliche Nachtwächter bliesen zu jeder vollen Stunde ins Horn. Das war eine stupide Arbeit. Wer nicht einmal dazu fähig war, dem konnte niemand mehr helfen.

„Mit Hängen und Würgen" – wenn man etwas gerade so schafft.

Man konnte jemanden am Galgen so aufhängen, dass der Tod sehr langsam eintrat.

Holzauge, sei wachsam! – Aufpassen bitte!
In den Wehranlagen alter Stadtmauern befanden sich kreisrunde Löcher
mit Holzverkleidung, sogenannte Holzaugen. Sie erlaubten den Wachleuten
einen prüfenden Blick nach draußen zu riskieren, ohne selber gesehen
zu werden.

„Etwas auf dem Kerbholz haben" – etwas verbrochen haben.
Der schriftunkundige Mensch des Mittelalters benutzte bei Tauschgeschäften
oft Hölzer, die mit entsprechenden Kerben versehen wurden. Er zerbrach
das Holz willkürlich. Dann bekam jeder Partner des Tauschgeschäftes unter
Zeugen eine Hälfte des gekerbten Holzes als Beweis, bis zur Schuldein-
lösung. Die Bruchkanten durften nicht manipuliert werden. Höchststrafe!
Ganz schön clever!

„Vom Leder ziehen" – sich rücksichtslos äußern.
Gemeint ist die lederne Schwertscheide der mittelalterlichen Schwertkämp-
fer. Wenn es Ernst wurde, dann zog der Kämpfer das Schwert vom Leder.

„Lückenbüßer" – eine Arbeit verrichten, die keiner machen will.
Im Mittelalter nannte man Leute, die kaputte Mauern in der Stadtbefes-
tigung ausbessern mussten, so. Die Mauern waren manchmal sehr, sehr
lang! Eine Belohnung dürfte das eher nicht gewesen sein.

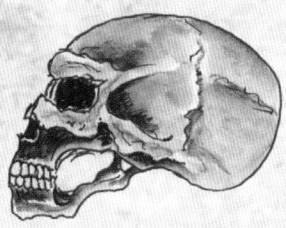

Zeittafel Dresdner Geschichte

vor 8000 Jahren	Der Elbkessel zwischen Meißen und Pirna wird in der Altsteinzeit erstmals besiedelt.
1206	In einer Urkunde wird Dresden zum ersten Mal erwähnt.
1216	Dresden wird als Cevitas, Stadt, bezeichnet.
1299	erste Erwähnung der Stadtbefestigung Dresdens
1403	Altendresden (rechts der Elbe) erhält das Stadtrecht mit eigenem Wappen.
1423	Sachsen-Wittenberg geht an die Wettiner, hiermit ist auch die Kurwürde verbunden. Das gesamte Gebiet heißt wenig später „Sachsen" bzw. „Kursachsen".
1464	Die Wettiner wählen Dresden zu ihrer ständigen Residenz. Das Schloss wird erweitert.
1491	Die Hälfte der Stadt wird durch einen Brand vernichtet. Eine neue Bauordnung wird erlassen, die für Eckhäuser und Fronten Steinbauten bis zum ersten Stock sowie Ziegeldächer vorschreibt.
1685	Altendresden brennt nieder. Ein neuer Bebauungsplan wird entwickelt, der als Grundlage für den späteren Neuaufbau der Stadt unter August dem Starken „zur neuen Stadt bei Dresden" (künftig Neustadt genannt) dient.
1670 - 1733	Die Regierungszeit Friedrich August I., genannt August der Starke beginnt. 1697 tritt er der katholischen Kirche bei und wird polnischer König (August II.), so erreicht die Residenzstadt Dresden europäischen Rang.

In den nachfolgenden Jahrzehnten
entwickelt sich Dresden zur Kunstmetropole.

1709	Johann Friedrich Böttger erfindet das europäische Porzellan; 1710 wird eine Porzellanmanufaktur in Meißen gegründet.
1710 - 1732	Bau des Zwingers durch den Architekten Matthäus Daniel Pöppelmann und den Bildhauer Balthasar Permoser
1726 - 1743	Bau der Frauenkirche, bedeutendstes Bauwerk von George Bähr
1733	August der Starke stirbt. Sein Nachfolger wird Friedrich August II. (König August III. von Polen), der die Baumaßnahmen und Kunstsammlungen fortführt.
1738 - 1755	Die katholische Hofkirche wird nach Plänen von Gaetano Chiaveri gebaut.
1756 - 1763	Im Siebenjährigen Krieg werden über 500 Gebäude durch den Artilleriebeschuss der Preußen zerstört, auch die Kreuzkirche. Nach dem verlorenen Krieg muss Sachsen hohe Entschädigungen an Preußen zahlen.
1806	Durch den Beitritt zum Rheinbund Napoleons wird Sachsen Königreich.
1809 - 1829	Abbruch der Festungsanlagen (Endfestigung) auf Veranlassung Napoleons
1813	Napoleon erringt seinen letzten Sieg in der Schlacht bei Dresden.
1918	Die sächsische Regierung wird während der Novemberrevolution abgesetzt. Der König muss abdanken und die Republik wird ausgerufen.

Literaturquellen, Auswahl

Theodor Gräße: Das Sagenbuch des Königreiches Sachsen, 1855

Anton Weck: Der Chur-Fürstlichen-Sächsischen weitberuffenen Residentz und Haupt-Vestung Dresden. Beschreib: und Vorstellung, Nürnberg 1679

Paul Schumann: Dresden. Berühmte Kunststätten. Heft 46. Seemann-Verlag, Leipzig 1909

Stadtwiki Dresden

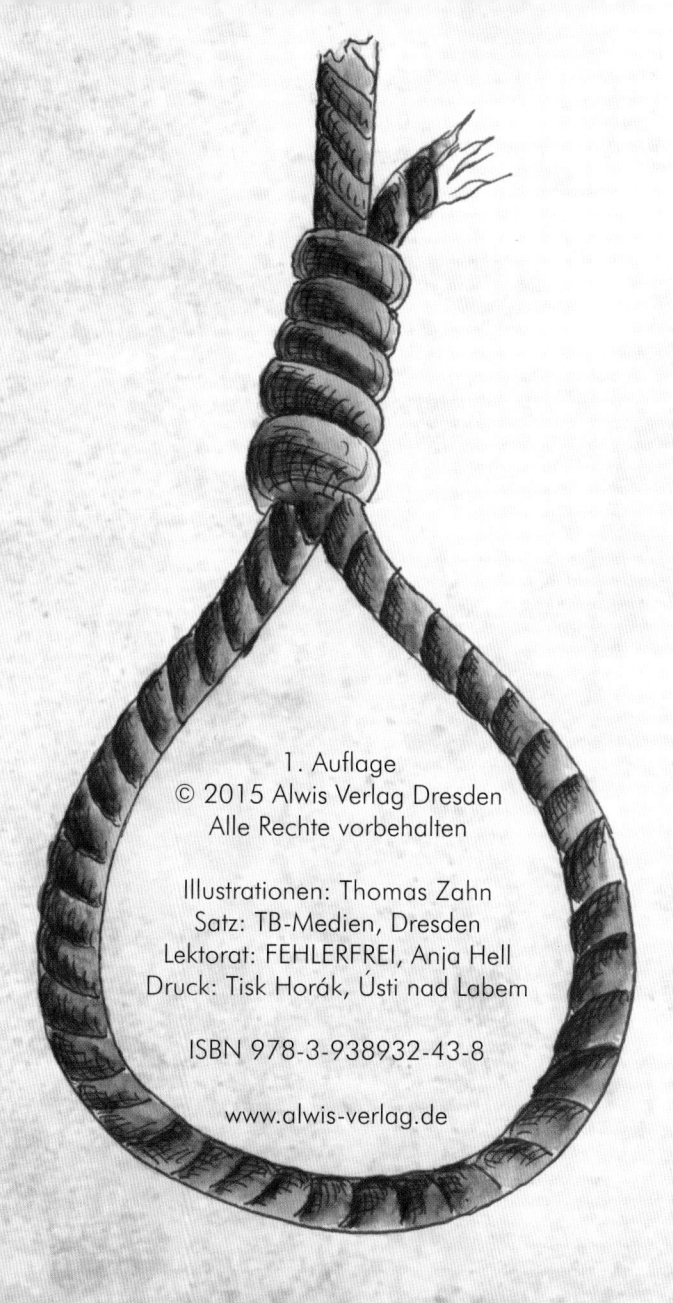

1. Auflage
© 2015 Alwis Verlag Dresden
Alle Rechte vorbehalten

Illustrationen: Thomas Zahn
Satz: TB-Medien, Dresden
Lektorat: FEHLERFREI, Anja Hell
Druck: Tisk Horák, Ústi nad Labem

ISBN 978-3-938932-43-8

www.alwis-verlag.de

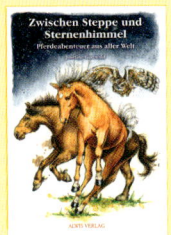